Nadine Hey

Die Farbenlehre Wilhelm Ostwalds auf der Grundlage mathematischer Ordnungssysteme

Ein kurzer Überblick

GRIN Verlag

Bibliografische Information der Deutschen Nationalbibliothek:

Die Deutsche Bibliothek verzeichnet diese Publikation in der Deutschen National-
bibliografie; detaillierte bibliografische Daten sind im Internet über http://dnb.d-
nb.de/ abrufbar.

Impressum:

Copyright © 2002 GRIN Verlag GmbH
Druck und Bindung: Books on Demand GmbH, Norderstedt Germany
ISBN: 978-3-638-93004-8

Dieses Buch bei GRIN:

http://www.grin.com/de/e-book/52130/die-farbenlehre-wilhelm-ostwalds-auf-der-
grundlage-mathematischer-ordnungssysteme

Die Farbenlehre Wilhelm Ostwalds

- Auf der Grundlage
    mathematischer Ordnungssysteme-

Schriftlich ausgearbeitetes Referat von
Nadine Ackermann
im Rahmen des Seminars
„Farbtheorie"
an der BUGH Wuppertal im
Sommersemester 2002.

Inhalt

1. Einleitung

Wilhelm Ostwald (1853-1932) arbeitete als Professor für Chemie und Physik an der Universität Leipzig. Während Forschungsarbeiten im Grenzbereich zwischen Chemie und Physik entdeckte er die Katalyse und erhielt für diese Arbeit 1909 den Nobelpreis für Chemie.

Schon während seiner Zeit als Professor begann er, sich mit der Thematik der Farbenlehre zu beschäftigen. 1904 erschienen die „Malerbriefe" unter seinem Namen, in denen er unter anderem über gesundheitsschädliche Farbstoffe schrieb.

Ab 1914 arbeitete Ostwald mit dem Werkbund zusammen, um die Körperfarben zum einen messbar zu machen und zum anderen daraus ein System zu entwickeln, nach dem Farben genormt und reproduziert werden sollten. Gleichzeitig sollte dieses System aber auch gefühlsmäßiges Farbempfinden berücksichtigen. Modern und technisch ausgedrückt kann man sagen, dass Ostwald anstrebte, mit valenzmetrischen Mitteln ein empfindungsgemäßes Farbsystem aufzubauen[1].

Gerade die mathematischen Grundlagen für ein solches Farbsystem sind im Rahmen des Seminars und dessen weiteren Verlauf besonders betrachtenswert. Nur mit Hilfe dieser wissenschaftlichen Untersuchung lassen sich auch alle modernen Farbordnungssysteme begründen und verstehen. Man kann wohl aus einem Gefühl heraus sagen, dass Farben in diesem oder jenem System sinnvoll geordnet sind, doch um das System wissenschaftlich anerkennen zu können, muss man auch seine wissenschaftlichen Grundlagen kennen. Solche Grundlagen lieferte Wilhelm Ostwald.

---

[1] http://www.colorsystem.com/grundlagen/aad.htm

2. Übersicht über Ostwalds Werke zur Farbenlehre und ihren Inhalt

Wilhelm Ostwald verfasste eine Vielzahl von Werken zur Thematik der Farbenlehre, von denen nachfolgend einige genannt werden, um zu zeigen, mit welcher Intensität er sich dem Thema widmete. Nach den „Malerbriefen" von 1904, in denen er vor allem auf Eigenschaften von Farben und Gefahren durch gesundheitsschädliche Farbstoffe einging, erschien 1917 die „Farbenfibel". In diesem Werk geht er zunächst auf die Eigenschaften von Farben ein und entwickelt daraus Farbreihen, um aus diesen wiederum einen Farbkörper zu konstruieren. Im letzten Abschnitt geht er auf die Harmonie der Farben ein. Dieses Werk enthält 252 handgefärbte Farbplättchen zur Veranschaulichung. 1917 erschien dann die „Harmonie der Farben" als eigenständiges Werk. 1918 brachte er einen ersten „Farbenatlas" und die „Mathetische Farbenlehre" heraus. Letztere enthält die für die vorliegende Betrachtung relevante wissenschaftlich-mathematische Begründung der Farbenlehre in ausführlicher allgemeiner Darstellung und bezogen auf die Farbenlehre. 1919 folgte die „Einführung in die Farbenlehre". 1921 stellte Ostwald seinen großen „Farbatlas" vor, der 2500 Farben enthielt, einen Kunstseidenatlas, Woll- und Seidenkataloge für die Textilindustrie, Messstreifen für das Himmelsblau für Meteorologen, Messvorlagen für die Herstellung künstlicher Augen, einen Haut- und Gewebefächer mit über 1000 Farbproben für die Gerichtsmediziner bis hin zu Farbtafeln für Kanarienvogel- und Blumenzüchter. Außerdem erschien die „Farbenschule" als Anleitung zur praktischen Erlernung der wissenschaftlichen Farbenlehre. Im Jahr 1923 erschien dann noch die „Farbenkunde". Außerdem stellte Ostwald Geräte zur praktischen Anwendung seiner Farbenlehre her, wie eine Farbpyramide, Farbkästen und –tafeln, Farbdrehscheiben und Vergleichstafeln u.v.m.[2]
Ostwald versuchte, die empfindungsgemäße und von der Natur gezeigte und damit bestätigte Harmonie der Farben in ein wissenschaftliches Ordnungssystem einzubinden. Dazu untersuchte er über viele Jahre die Natur der Farben und brachte sie in ein Ordnungssystem, das er in Form des Doppelkegels visualisierte. Auf dem Äquator des Doppelkegels liegen 24 Volltonfarben, auf der Achse die Graustufen von Schwarz (unten) zu Weiß

(oben). Daraus entstehen farbtongleiche Dreiecke, deren Abstände durch die logarithmische Abstufung der Grautöne gleichmäßig erscheinen[34]. Des Weiteren untersuchte er aber auch die natürlichen Farbstoffe und versuchte, ein System zu entwickeln, nach dem man jede Farbe an Hand von normierten Angaben reproduzieren können sollte. Drei Angaben machte Ostwald zu seinen Farben, z.B. 7ie, wobei 7 ein bestimmtes Rot, i den Weißgehalt von 14 und e den Schwarzgehalt von 65 bezeichnet. Dazu gab Ostwald für die gebräuchlichsten Farbnamen die Farbzeichen aus seinem System an. So konnte man auf dem Farbkörper, dem Doppelkegel, jede Farbe finden und sie an Hand der daraus resultierenden Farbzeichen reproduzieren.

---

[3] Ristenpart, Eugen: Die Ostwaldsche Farbenlehre und ihr Nutzen, Berlin 1948. S. 21

[4] Weber-Fechner'sches Gesetz: Die mathematische Formulierung für den Zusammenhang zwischen Reizstärke und Empfindungsstärke. Es sagt aus, dass die Empfindungsstärke mit dem Logarithmus der Reizstärke ansteigt. Um eine doppelt so starke Empfindung hervorzurufen, muss der Reiz auf das Zehnfache verstärkt werden. Das Gesetz ist nicht allgemein gültig.
wissen.de GmbH. München 2000-2003

3. Wissenschaftliche Ordnungssysteme als Grundlage seiner Farbenlehre

3.1. Ordnung der Farben

Um einen wissenschaftlich sinnvollen und vor allem begründeten Farbkörper entwickeln zu können, stellt Ostwald zunächst die Eigenschaften von Farben im Sinne mathematischer Ordnungssysteme dar. Ostwald leitet diese Darstellung mit einer Behauptung Kants ein: „Denn da nach Kants nie beanstandeter Behauptung in jeder Disziplin nur soviel wahre Wissenschaft vorhanden sein soll, als sich Mathematik in ihr findet, diese aber nur mit Größen zu tun hat, so erscheint der Nachweis der Größeneigenschaft wie eine unbedingt erforderliche Eintrittskarte zum abgegrenzten Garten der Wissenschaft."[5]

Weiterhin stellt Ostwald fest, dass die Farbenlehre schon lange vor der Messung der Farben als eine Wissenschaft angesehen wurde. Diese Anerkennung beruhte auf den Ordnungseigenschaften der Farbenlehren. Also schlussfolgert Ostwald, dass eine Thematik erst einmal durch Ordnungsbegriffe gegliedert werden muss, um überhaupt für die Mathematik interessant sein zu können. Dementsprechend muss Kants Behauptung laut Ostwald insofern geändert werden, als dass nicht der Anteil an Mathematik, sondern an Mathetik als Ordnungswissenschaft ausschlaggebend ist für die Anerkennung als Wissenschaft.[6]

Bevor Ostwald mit der Ordnung der Farben beginnt, liefert er in seinem Werk eine genaue Untersuchung und Erläuterung ordnungswissenschaftlicher Begriffe. Auf dieser wissenschaftlichen Basis stellte er dann den Bezug zur Farbenlehre her und konnte die Ordnung der Farben nun mit der vom ihm angestrebten wissenschaftlichen Begründung vornehmen.

---

[5] Ostwald, Wilhelm: Mathetische Farbenlehre. Der Farbenlehre erstes Buch. 3. verm. & verb. Auflage. S. 19
[6] ebendort

3.2. Begriffesklärung zu Ordnungen

Gruppen

Um Farben überhaupt wissenschaftlich ordnen zu können, stellt Ostwald zunächst einmal fest, dass Farben eine ungeordnete Gruppe mit der Gemeinsamkeit des Begriffs „Farbe" bilden. Danach müssen weitere Eigenschaften der Glieder dieser Gruppe zu ihrer Ordnung herangezogen werden.

Ordnungsmittel

Man kann die Gruppe der Farben erst ordnen, wenn als Ordnungsmittel die Beziehung zwischen den einzelnen Gliedern der Gruppe analysiert wurde. Ostwald nennt als Beispiel eine Gruppe grauer Farben:

Grau (als Gruppe)

Gemeinsamkeit aller Glieder ist der Farbton Grau. Diese Gemeinsamkeit macht die einzelnen Glieder erst zu einer Gruppe.

Die Beziehung der einzelnen Glieder innerhalb dieser Gruppe wird durch Helligkeit hergestellt. So herrscht eine lineare Ordnung zwischen den einzelnen Gliedern.

Reihen

Aus einer solchen linearen Ordnung entstehen Reihen. Dabei hat jedes Glied einer Reihe 2 Nachbarn. Kein Glied kann mit einem anderen vertauscht werden aufgrund der Beziehung zwischen den einzelnen Gliedern. Also sind alle Glieder in Bezug auf alle anderen geordnet. Fehlt ein Glied, so ändert sich die Folge an sich nicht.

Geschlossene und ungeschlossene endliche Reihen

Bei ungeschlossenen Reihen gibt es ein erstes und ein letztes Glied. Diese beiden Glieder stehen nur durch die dazwischen liegenden Glieder in Beziehung zu einander.

Bei geschlossenen Reihen hingegen kann der Anfangs- und Endpunkt beliebig gewählt werden. Somit hat jedes Glied zwei Nachbarn.

Stetigkeit

Eine Reihe kann nun stetig oder unstetig verlaufen. Ostwald gibt als Beispiel einer stetigen Reihe die vollständige Graureihe an. Sie weist keinerlei Sprünge auf.

Schwelle

Als Schwelle bezeichnet man den sichtbar gemachten Übergang von einem zum nächsten Glied. Am Vorhandensein einer Schwelle erkennt man eine unstetige Reihe im Gegensatz zu einer stetigen Reihe.

Mehrfaltige Gruppen

Sie enthalten mehrere Ordnungsregeln, das heißt, sie sind in mehreren Beziehungen zueinander geordnet, im Gegensatz zur Reihe.

Bsp.: a b c d e = einfaltig

a0 b0 c0 d0 e0

a1 b1 c1 d1 e1 = zweifaltig

Daraus ergibt sich eine Reihe a – e und 0 – 1 und damit a0 – e1.

In der Übertragung zur Farbenlehre kann die Graureihe als Beispiel für eine einfaltige Gruppe genannt werden. In dieser Reihe sind die Glieder ja nur in Bezug auf Helligkeit zueinander geordnet. Die Reihe der gebrochenen Farben jedoch ist zweifaltig, da die Reihe der reinen Farbe nach schwarz oder weiß je einfaltig ist, nach schwarz und weiß aber zweifaltig wird.

Klassen zweifaltiger Gruppen:

gg, gu (ug), uu

gg bezeichnet z. B. die Orte auf einer Kugel: Sowohl die Längen- als auch die Breitengrade sind geschlossene Reihen.

gu bezeichnet z. B. Orte auf einem Kreis: Der Umfang stellt eine geschlossene, der Durchmesser eine ungeschlossene Reihe dar.

Klassen dreifaltiger Gruppen:

ggg, ggu, guu, uuu

guu wird durch einen Zylinder verbildlicht: Der Umfang bildet die geschlossene Reihe, Höhe und Durchmesser je eine ungeschlossene.

ggu wird durch eine Kugel verbildlicht: Zu den beiden Arten geschlossener Reihen auf der Kugel kommt nun noch die innen liegende ungeschlossene Reihe des Durchmessers.[7]

---

[7] Ostwald, Wilhelm: Mathetische Farbenlehre. Der Farbenlehre erstes Buch. 3. verm. & verb. Auflage. Leipzig 1930. S. 20 - 31

3.3. Bezug zur Farbenlehre und zum Farbkörper

Aufgrund der vorher erklärten mathematischen Ordnungssysteme entwickelte Ostwald dann einen Farbkörper, dessen Aufbau eben diesen von ihm gestellten Anforderungen an eine wissenschaftlich fundierte Farbenlehre entsprach.

Dazu stellte er erst die Graureihe als eine stetige Reihe, im Idealfall ohne Schwellen, von Schwarz zu Weiß auf. Dieser Graureihe stellte er einen gesättigten Farbton mittig gegenüber, so dass ein Dreieck entsteht. Nun füllte er den Zwischenraum zwischen der Graureihe und dem Farbton mit allen dazwischen liegenden Farbnuancen. So entstand das farbtongleiche Dreieck (als zweifaltige Gruppe). Natürlich war es ihm in der Praxis nicht möglich, dieses Dreieck ohne sichtbare Schwellen zu erstellen, doch kann man sich an Hand dessen, was für Ostwald praktisch möglich war, vorstellen, wie das Dreieck im Ideal auszusehen hätte. Geht man auf diese Weise für alle Farbtöne vor, so enthält „jedes farbtongleiche Dreieck alle Abkömmlinge eines gegebenen Farbtons nach Weiß und Schwarz"[8].

Setzt man nun alle farbtongleichen Dreiecke an der ihnen gemeinsamen Achse, von Weiß zu Schwarz, zusammen, so erhält man den Farbkörper des Doppelkegels. Die ungeschlossene Graureihe von Schwarz zu Weiß bildet nun die Achse dieses Doppelkegels. Am Äquator des Doppelkegels befindet sich eine geschlossene Reihe aller Farbtöne, die im Ideal keine sichtbaren Schwellen aufweist. Auf der oberen Seite des Farbkörpers befinden sich die so genannten hellklaren Farben, auf der unteren Seite die dunkelklaren. Im Inneren des Farbkörpers befinden sich die trüben Farben. Im theoretischen Idealfall enthält dieser Farbkörper alle möglichen Farben, die ohne sichtbare Schwellen angeordnet sind.

Ostwald verliert an dieser Stelle jedoch den Bezug zur Realität nicht. Die Ordnung der Farben, die er im Auftrag des Werkbundes entwickeln sollte, sollte ja eine sein, die in der Praxis die Anwendung von Farben erleichtert. So geht er, gleich nachdem er den idealen Farbkörper vorgestellt hat, auf den von ihm genormten Farbkörper ein. Dieser enthält auf dem Äquator 24 Farbtöne, die laut

---

[8] Ostwald, Wilhelm: Die Farbenfibel. Leipzig 1922. S 35

Ostwald „ausreichen, um den Bedürfnissen der Praxis zu genügen"[9]. Diese Farbtöne hat Ostwald gemäß einem von ihm entwickelten System genormt. Sie sind gefühlsmäßig gleichabständig und ergeben einen geschlossenen Kreis. Die Auswahl der Farbtöne begründet er mit ihrem Vorkommen in der Natur. Entsprechend diesen 24 Farbtönen des Farbkreises besteht der genormte Doppelkegel also auch nur aus 24 farbtongleichen Dreiecken. Die Abstände der hellklaren und dunkelklaren, sowie der trüben Farben stellte Ostwald in ein logarithmisches Verhältnis, da lineare Gleichabständigkeit nicht der gefühlsmäßigen entspricht. Vielmehr deckt sich die gefühlte Gleichabständigkeit mit den logarithmischen Abständen[10].

Diese farbtongleichen Dreiecke hat Ostwald durchnummeriert, genauso wie er der Graureihe eine Zahlenreihe von 0 (Schwarz) bis 100 (Weiß) zuweist, um eine Farbe auf dem genormten Doppelkegel finden zu können. Ist nun die Ziffer des Farbtons (Dreiecks) bekannt und der Weiß- und Schwarzgehalt, so kann man die Farbe auf dem Dreieck lokalisieren.

Mit dieser strengen und systematischen Normung der Farben sorgte Ostwald dafür, dass seine wissenschaftlich begründete Ordnung der Farben auch den Bezug zur praktischen Verwendung von Farben erfüllte.

---

[9] ebend. S. 18
[10] Weber-Fechner'sches Gesetz

4. Nutzen und Weiterwirken der Ostwaldschen Farbenlehre in modernen Farbordnungssystemen

Wilhelm Ostwald hat die schon vorher da gewesenen Farbordnungen in ein erstes System mit wissenschaftlich-mathematischer Begründung gebracht und damit den Grundstein für moderne Farbsysteme geschaffen.

Die Aufgabe, die der Werkbund[11] an Ostwald stellte, hat er mit der Entwicklung des Doppelkegels als Farbkörper und der dazugehörigen Normung der Farben gelöst. „Die Allgemeine Anerkennung wurde durch den Krieg 1914-1918 erschwert".[12] Gemäß Ristenpart ergeben sich aus den Ostwaldschen Untersuchungen und deren Ergebnissen vielfältige Nutzanwendungen im Bereich der Mathetik, der Physik, der Chemie, der Physiologie und auch der Psychologie. Gerade auch in der Farbstoffmischung, einem Bereich aus der Chemie, ergeben sich für die Industrie viele Anwendungsmöglichkeiten. Die Herstellung des Normenatlas und der Farborgel waren dafür genauso interessant wie die Aufätze „Die Beherrschung der Farbe in der Färberei" und „Die Farbgleichung in der Färberei" Ostwalds, erschienen in der Monatsschrift für Textilindustrie 1928 / 1931.

Der o. g. Farbnormenatlas diente zum Beispiel auch zur Entwicklung des „Color Harmony Manual" oder dem Farbatlas der Container Corporation in den USA.[13] Ostwalds erklärtes Ziel, nämlich die Körperfarben messbar zu machen, erreichte er mit seinem Werk. Doch eine wirkliche Verbreitung seiner Farbenlehre und eine Anwendung derselben in all den Bereichen, für die er den Farbnormenatlas hergestellt hatte, blieb aus.

Trotzdem sind die systematische Vorgehensweise Ostwalds und die damit verbundenen wissenschaftlichen Grundlagen mathematischer Ordnungssysteme, die er uns bietet, wichtig zum Verstehen und Analysieren moderner Farbordnungssysteme.

Dem aus Schweden stammenden NCS Farbsystem gelingt es, die guten Seiten der Systeme von Munsell und Ostwald zu übernehmen, ohne ihre Nachteile

---

[11] Werkbund: 1907 in München gegründete Vereinigung von Künstlern, Architekten, Unternehmern und Personen des öffentlichen Lebens. Ziel des Werkbundes war laut Satzung "die Veredlung der gewerblichen Arbeit im Zusammenwirken von Kunst, Industrie und Handwerk". Aus: Thomas Hauffe: Schnellkurs Design. Köln 1995. S. 60/61
[12] Ristenpart, Eugen: Die Ostwaldsche Farbenlehre und ihr Nutzen. Berlin 1948. S. 18
[13] www.forum-entwerfen.de/forum/2/34

mitführen zu müssen, indem es sich auf die Beschreibbarkeit einer Farbwahrnehmung beschränkt. Seine Schöpfer wiesen empirisch nach, dass jede wahrgenommene Oberflächenfarbe beschrieben werden kann, indem man ihre Ähnlichkeit zu maximal vier der sechs elementaren Farbempfindungen quantifiziert. Damit folgten sie streng einem phänomenologischen Ansatz.[14]

Das Farbsystem von R. Luther und N. D. Nyberg entstand zwischen 1927 und 1928 und greift insofern auf Ostwalds Farbenlehre zurück, als das dessen Farbkreis als Grundlage für den Farbkörper von Luther / Nyberg diente. [15]

Auch das vom Deutschen Institut für Normung entwickelte Farbsystem greift auf Ostwald zurück. Das Ziel der in den dreißiger Jahren geäußerten Forderung nach einem einfacher zu handhabenden Farbsystem als dem von Ostwald bestand darin, „Ostwalds Anspruch — an dem er aber selbst gescheitert war — so gut wie möglich zu erfüllen und das neue System auf Reihen von Variablen zu gründen, die für einen Beobachter visuell (der Empfindung nach) in gleichen Abständen vorliegen"[16].

---

[14] http://www.colorsystem.com/grundlagen/aad.htm
[15] ebend.
[16] ebend.

Quellenangaben:

1. Ostwald, Wilhelm: Mathetische Farbenlehre. Der Farbenlehre erstes Buch. 3. verm. & verb. Auflage. Leipzig 1930

2. Ostwald, Wilhelm: Die Farbenfibel. 8. unveränderte Auflage. Leipzig 1922

3. Ristenpart, Eugen: Die Ostwaldsche Farbenlehre und ihr Nutzen. Berlin 1948.

Onlinequellen:

1. www.forum-entwerfen.de/forum/2/34

2. http://idw-online.de/public/pmid-42994/zeige_pm.html

3. www.colorsystem.com

4. http://www.l.shuttle.de/l/wog/biokap6.htm

5. http://www.vergolderei-beuster.de/page_114.html#Farbgestaltungslehren[17]

---

[17] (jeweils noch mal aufgesucht am 11.02.2003 12:00 Uhr)